La integridad

por Meg Greve

Consultores de contenido:
Melissa Z. Pierce, L.C.S.W.
Sam Williams, M.Ed.

Rourke
Educational Media

rourkeeducationalmedia.com

www.rourkeeducationalmedia.com

Melissa Z. Pierce is a licensed clinical social worker with a background in counseling in the home and school group settings. Melissa is currently a life coach. She brings her experience as a L.C.S.W. and parent to the *Little World Social Skills* collection and the *Social Skills and More* program.

Sam Williams has a master's degree in education. Sam is a former teacher with over ten years of classroom experience. He has been a literacy coach, professional development writer and trainer, and is a published author. He brings his experience in child development and classroom management to this series.

PHOTO CREDITS: Cover: © Christopher Futcher; Page 3: © Chris Bernard; Page 5: © Igor Demchenkov; Page 7: © Lunamarina; Page 9: © Rich Legg; Page 11: © Agnieszka Kirinicjanow; Page 13: © omgimages; Page 15: © Cliff Parnell; Page 17: © Alija; Page 19: © Rhienna Cutler; Page 21: © Catherine Yeulet;

Illustrations by: Anita DuFalla
Edited by: Precious McKenzie
Cover and Interior designed by: Tara Raymo
Translation by Dr. Arnhilda Badía

Greve, Meg
La integridad / Meg Greve
ISBN 978-1-63155-103-1 (hard cover - Spanish)
ISBN 978-1-62717-378-0 (soft cover - Spanish)
ISBN 978-1-62717-562-3 (e-Book - Spanish)
ISBN 978-1-61810-137-2 (hard cover - English)(alk. paper)
ISBN 978-1-61810-270-6 (soft cover - English)
ISBN 978-1-61810-396-3 (e-Book - English)
Library of Congress Control Number: 2014941419

Rourke Educational Media
Printed in the United States of America,
North Mankato, Minnesota

Also Available as:

Rourke Educational Media

rourkeeducationalmedia.com
customerservice@rourkeeducationalmedia.com • PO Box 643328 Vero Beach, Florida 32964

¿Intentas siempre hacer lo que
es correcto?

Si contestaste que sí, entonces tienes **integridad.**

¿Eres honesto, incluso cuando nadie te está mirando?

Si encuentras algo que no te pertenece, trata de encontrar a su dueño. Eso demuestra integridad.

Si contestaste que sí,
entonces tienes integridad.

Actuar con integridad no es fácil.

Burlarse de las personas no es actuar con integridad.

A veces tienes que ser amable incluso cuando no quieres.

A veces hay que decir **lo siento** incluso cuando no quieres.

Trato de ser un buen amigo con todos.

Tú tienes integridad si mantienes tus **promesas.**

Tú tienes integridad si **respetas** los **sentimientos** de los demás.

Cuidar bien a los demás demuestra tu integridad.

Haz la prueba de la integridad!

1. Siempre trato de hacer lo que es correcto. ⃝ sí ⃝ no

2. Soy honesto. ⃝ sí ⃝ no

3. Mantengo mis promesas. ⃝ sí ⃝ no

4. Soy un amigo para los demás ⃝ sí ⃝ no

5. Respeto los sentimientos de los demás. ⃝ sí ⃝ no

Si tú contestaste que "sí", a las cinco oraciones, entonces ¡tienes integridad!

Glosario ilustrado

honesto:
Es cuando eres sincero.

integridad:
Se le llama integridad al carácter honesto, responsable y respetable de una persona.

Lo siento:
Sentirse triste o mal por hacer algo incorrecto.

promesas:
Las cosas que tú dices que vas a hacer sin importarte lo que pase.

respeto:
Un sentimiento de consideración y reconocimiento hacia otros.

sentimientos:
Emociones que sientes como la tristeza, la felicidad, los celos, el miedo, o la ira.

Índice

Páginas web

www.charactercounts.org

www.charactersofcharacter.org/games1.html

http://library.thinkquest.org/J001675F/

Acerca de la autora

Meg Greve es maestra, madre, y esposa. Ella siempre trata de ser honesta, mantener sus promesas, y actuar con integridad - incluso cuando no es fácil hacerlo!

Ask The Author!
www.rem4students.com